8°K
1993

L'Abbé PIERFITTE

TROIS JOURS A ROME

NOTES

D'UN PÈLERIN LORRAIN

ÉPINAL

IMPRIMERIE V. COLLOT, 13, RUE DU BOUDIOU

1890

L'Abbé **PIERFITTE**

TROIS JOURS A ROME

NOTES

D'UN PÈLERIN LORRAIN

ÉPINAL

IMPRIMERIE V. COLLOT, 13, RUE DU BOUDIOU

1890

8° K
1993

A NOS VIEUX AMIS

Vous attendiez un écho des fêtes de Rome et vous n'admettiez pas que nous enfouissions les trésors de ces précieux souvenirs, comme l'avare son or, pour en jouir seul. Nous nous sommes exécuté, et la Semaine Religieuse, *comme toujours, a servi de mère à ces pages trop vite écloses.*

Voilà qu'aujourd'hui vous les invitez à sortir de ce demi-jour qui les protège si bien, à s'échapper de ce cercle intime où l'on cause en famille, pour prendre leur envolée ; mais les pauvrettes n'ont pas d'ailes !...

Il a fallu les couver de nouveau, sinon pour leur faire pousser des ailes, qu'elles n'auront jamais, hélas ! — n'étant pas de haute lignée, — du moins pour les « remplumer », comme on dit chez nous. Cette seconde incubation les a fait grossir, « considérablement augmenter. » Est-ce un mérite, aux

*yeux du public ? une recommandation près des
lecteurs intelligents, qui demandent* pauca sed
bona *? J'en doute bien un peu, mais :*

Comme il est écrit sans faconde,
Comme il est pensé sans apprêt,
Je n'attends pas que ce livret
M'attire une estime profonde.

Le moindre brin de vermisseau,
  Fera bien mieux l'affaire,
  Du fils et de la mère....
Donnez une simple prière,
A celle qui dort au tombeau ;
A nous place — la dernière ! —
Dans votre *Memento...*

Portieux le 7 avril 1890.

I.

UN PÈLERIN IMPROVISÉ

C'est dans une audience à Son Em. le cardinal Langénieux et M. Harmel que Léon XIII avait dit: « Je désire voir les travailleurs français ; qu'ils « viennent, je les bénirai et ils me consoleront. »

— Ils viendront, Saint-Père !

On était alors au mois d'octobre 1877. Un comité se forma immédiatement, dont le digne cardinal fut l'âme et M. Harmel la tête. Le comité s'adjoignit un correspondant dans chaque diocèse : la presse catholique et les *Semaines religieuses* battirent le rappel, une armée de pèlerins se leva.

Dès la fin de 1888, M. Harmel put annoncer un pèlerinage de 10.000 ouvriers. Il fut fixé au 22 septembre 1889.

Mais comment transporter une telle foule? Il faut compter avec l'encombrement des chemins de fer français pendant l'Exposition et les retards invraisemblables des italiens. Pour y couper court, on résolut de diviser les pèlerins par groupes qui se succéderaient à Rome pendant six semaines.

Ce point réglé, on se met à l'œuvre.

Le comité s'adresse à une agence parisienne (l'agence Lubin), qui se charge de l'entreprise, traite avec les compagnies françaises et italiennes pour une réduction de prix exceptionnelle (1), avec les *buffets* de Modane, Turin, Gênes et Orbetello pour les repas du voyage.

Restait le séjour à Rome. Un comité de catholiques romains se forma pour y pourvoir. Il s'aboucha avec plusieurs maisons religieuses et put donner la table et le couvert à 3 francs 50 par jour.

Grâce à ces diverses combinaisons, il fut possible d'offrir les billets d'aller et retour, c'est-à-dire quatre jours de voyage et cinq de séjour, se charger des frais de nourriture et de logement au prix fabuleux de 116 francs en 3e classe, et 146 francs en 2e classe (2).

Inutile de dire, n'est-ce pas, que l'agence parisienne y trouvait son profit, et d'ajouter que les chemins de fer et les buffets n'y perdaient pas. Aussi, nos actions de grâce vont directement aux organisateurs du pèlerinage, aux deux comités de

---

(1) Les pèlerins ne pouvaient mettre de malles aux bagages et gardaient près d'eux les valises et sacs de nuit. Mais en revanche on leur accordait le droit de ne pas être entassés plus de huit par compartiment ; souvent même ils ne furent que six ou sept.

(2) De Bourg à Rome ! Car c'est Bourg, où convergent les lignes de l'Est, du Centre et du Midi, qui avait été choisi comme le lieu de ralliement. Naturellement il fallait ajouter à cette somme le voyage à Bourg.

Reims et de Rome, et aux bonnes sœurs qui nous ont offert une si cordiale hospitalité.(1).

Le 18 octobre, arrivait le premier groupe, et bientôt les journaux catholiques se faisaient l'écho de l'enthousiasme de nos ouvriers.

— Et les vôtres, me disait quelqu'un, ils ne songent point à partager la joie et les grâces du pèlerinage? Il en faudrait au moins un pour représenter l'usine.

— Voulez-vous lui payer son voyage?

— Pourquoi pas !

On était aux premiers jours de novembre, il fallait donc se hâter. Je m'adresse à un ouvrier qui accepte volontiers. Mon vénérable interlocuteur m'offre 80 francs, une autre main charitable y ajoute 20 francs; je prends à ma charge le restant de la somme et les frais du voyage de Bourg.

Un billet est demandé pour le départ du 7 novembre. Le 6 au soir, l'ouvrier me rapporte le billet : il ne veut plus partir et rien ne peut le décider....

Que faire? Boucler ma valise? Je rends les 80 francs si généreusement offerts et, le lendemain,

---

(1) A l'Hôpital du Vatican, au Collège Américain, à la Propagande, au Collège Canadien, aux Couvents de la Présentation, de Cluny, des Franciscaines, à St-Jean de Latran, chez les Passionnistes des saints Jean et Paul (au Cœlius), à la Trinité des Pèlerins.

je cours à la gare de Vincey... pour utiliser le billet, qui reste entièrement à ma charge.

L'on ne sait guère la veille ce qu'on doit faire le lendemain.

II.

SUR LE CHEMIN DE ROME

Le diocèse de Saint-Dié comptait vingt-trois pèlerins, dont cinq seulement faisaient partie de ce départ (1), les dix-huit autres devaient les rejoindre le 11 suivant.

Trop peu pour former un groupe, nous allons grossir celui de Nancy; nous sommes gracieusement accueillis par M. l'abbé Petit, le sympathique directeur du cercle catholique de Nancy.

En route, nous rallions les groupes de Besançon, Langres, Verdun, Saint-Claude, etc. Bref, nous arrivons plus de 600 à Bourg. Six cents voix qui feront bientôt retentir le refrain national :

> Dieu de clémence,
> O Dieu vainqueur,
> Sauvez Rome et la France
> Au nom du Sacré-Cœur ! -

(1) Deux membres du Cercle catholique d'Epinal, un patron et deux prêtres.

En attendant que le train spécial s'organise, la gare de Bourg se transforme en un vaste caravansérail : chacun s'installe comme il peut, celui-ci sur les banquettes, celui-là par terre ; les sacs s'ouvrent, les langues se délient, les cœurs se rapprochent, les relations s'établissent vite entre pèlerins ! Bientôt les diverses salles d'attente et les quais offrent un coup d'œil pittoresque et un spectacle touchant, qui nous fait songer aux agapes de la primitive église ; car tout est vraiment commun, les biens comme la joie et l'enthousiasme, parmi ces étrangers qui ne se sont jamais vus et se sentent si frères....

Enfin, le train est prêt ; les groupes se reforment, des écriteaux sont appendus aux wagons, voici *Nancy-Saint-Dié* ; M. l'abbé Petit nous y installe et l'on finit par y caser aussi les sacs et valises : grâce à Dieu tout y est, même « l'armoire » de M. l'abbé X.... La vapeur siffle, on part, on est parti.

La physionomie générale est bien un peu bruyante : la joie déborde de ces âmes franches et expansives, et bientôt le paysage grandiose des montagnes vient lui apporter un nouvel aliment : les exclamations prennent les formes les plus variées sur les lèvres du peuple.

Cependant la fatigue se fait sentir, on récite la prière en commun dans notre petit compartiment, le *Salce Regina* la termine brillamment, et l'on se dispose à prendre un repos bien gagné.

Quand je me réveille, nous approchons de Modane, où nous arrivons au petit jour. C'est la dernière gare française et la douane italienne y étale ses uniformes crasseux. Le Dante a oublié ce supplice dans son *Enfer*, le passage à la douane, c'est une lacune.

L'opération terminée, nous remontons péniblement les bagages, et nous traversons le tunnel le chapelet à la main.

L'entrée en Italie est féerique; on dirait une levée de rideau sur un théâtre gigantesque. Le soleil levant, qui tombe en plein sur ces pics neigeux, les grandit encore et donne un puissant relief au massif des Alpes déjà si grandiose par lui-même. Nous ne les décrirons pas, il faudrait le pinceau de Salvator Rosa. Nous ne recueillerons pas davantage les exclamations naïves de nos braves pèlerins; c'était une hymne au Créateur. Ils ne sont point des touristes, eux, et Dieu ne perd pas son temps quand il sème les merveilles sur le manteau royal de l'univers : la prière et la reconnaissance jaillissent de leur âme avec l'admiration, comme d'une source intarissable.

Nous traversons un pays sauvage et accidenté, où l'homme semble perdu : çà et là quelques pauvres maisons semées sur le flanc des collines comme des épaves à la surface de l'océan, « ...*nantes in gurgite vasto !* » Le train s'enfuit à toute vapeur, comme un vol de corbeaux dont le cri détonne au milieu de ce silence majestueux de la nature. Les tunnels succèdent aux tranchées, et les tranchées aux tunnels, avec un persistance agaçante. Peu à peu les portières se dégarnissent : les grappes humaines qui les animaient disparaissent, la curiosité est repue, l'appétit se réveille, les sandwichs de Modane ont un plein succès.

Mais le paysage nous rappelle bientôt aux portières : partout nous voyons les naturels du pays occupés à recueillir les feuilles des arbres dont les premières gelées ont jonché le sol ; on les met en silos, et l'on trouvera un excellent engrais au printemps.

Nous avons passé Salbertrand, Chiomonte, Bussoleno : toujours des points de vue nouveaux et toujours la même sauvage grandeur.

Voici Suze qui s'éveille gaiement aux premiers feux du soleil : elle trône comme une reine au fond de la vallée ; les vignes lui font une ceinture de pourpre et les glaciers une couronne de diamant ; elle baigne mollement ses pieds dans l'eau claire du torrent des montagnes. Noble et fière, elle rappelle la vierge du désert.

Saluons au passage Borgone, San Antonino, Condove, etc., de simples bourgades que rien ne distingue, pas même les blanches tours de leurs églises qui prennent déjà des formes orientales, sans avoir le gracieux profil des minarets.

A droite, c'est l'abbaye de Saint-Michel, qui dentelle le mont Pirchiriano, puis la vallée s'élargit, nous approchons d'une grande ville.

Turin ! gare splendide, véritablement royale, près de laquelle nos grandes gares françaises passent au troisième plan. La rue qui y aboutit n'a pas moins grand air, malheureusement nous ne pouvons aller plus loin. Il faut changer de train ; car les wagons français nous quittent ici. Soyons justes et avouons que nous ne perdons pas au change.

Il est midi, nous passons au buffet. A chaque billet étaient annexés un certain nombre de tickets : à Modane, nous avions détaché le premier pour l'échanger contre des sandwichs ; à Turin, nous échangeames le deuxième contre un grand sachet en papier, qui contenait le dîner.

Je profite de quelques minutes d'arrêt laissées aux pèlerins pour griffonner un mot à ma mère. Pendant que j'écris au crayon, sur mon genou, un gendarme accourt, les sourcils en circonflexe, et cherche à lire par dessus mon épaule... J'avoue qu'après une nuit et un jour passés en wagon, l'on prend naturellement un certain aspect de prêtre déguisé, qui peut éveiller l'attention du policier ; mais on ne peut nier que ce qui vient de France est vu d'un mauvais œil de l'autre côté des Alpes. Vous sentéz la malveillance partout, ne cherchant que l'occasion de se faire jour. Jusqu'aux plus petites gares, le train est le point de mire de la curiosité des indigènes accourus du voisinage. Nous y répondons par le chant du pèlerinage :

> Dieu de clémence,
> Sauvez Rome et la France, etc.

— *Partenza ! partenza !* Vite en wagon. Nous saluons Turin et nous partons pour Gênes.

Chacun a ouvert son petit sachet : il contient une aile de poulet, une tranche de jambon, un brinborion de gruyère, une pomme et un petit pain mal cuit ; une pincée de sel et une fiole de vin du pays (deux bons verres) complètent les provisions, auxquelles on fait grand honneur.

Cependant nous sommes emportés à toute vapeur : Villanova, Villafranca avec son pont-viaduc sont bientôt dépassées, et puis Asti, qui nous offre ses vins mousseux. Voici la vallée du Tanaro et Alexandrie.

Au sortir de la ville d'Alexandre III, nous trouvons Marengo : nous nous découvrons pour réciter un *De profundis* à l'un des nôtres qui dort là parmi les braves. Bientôt nous nous engageons dans les

Apennins. La voie côtoie le bord d'un torrent, au fond d'une gorge sauvage qui rappelle tout naturellement à notre souvenir les vieilles histoires de brigands. Les nombreux tunnels viennent encore accentuer cette sensation : l'un d'eux a 3100 mètres de long.

Enfin le train s'arrête, nous sommes à Gênes où nous attend un autre spectacle : nous avons admiré le lever du soleil sur les glaciers des Alpes, nous allons jouir de son coucher sur la mer de Gênes, journée complète ! Nous n'avons pas le temps d'aller sur la jetée ; mais le chemin de fer longe le rivage...

Nous détachons un nouveau ticket, et nous constatons que le souper de Gênes est une mauvaise copie du dîner de Turin ; l'on ne peut tout avoir.

Le pèlerinage du travail a repris sa course à travers les bosquets d'oliviers et de citronniers chargés de leurs pommes d'or, qui font à l'antique cité — nous allions dire déesse — une jeunesse immortelle.

Les portières sont bondées : on est avide du spectacle de la mer, que la plupart voient pour la première fois. Bientôt même le rivage se confond avec l'océan : le vert des forêts d'oliviers a pris des teintes sombres, on dirait, à gauche comme à droite, une mer immense que les voiles d'un côté, les villas de l'autre, émaillent de points blancs.

Mais les tunnels viennent sans cesse rompre le charme et l'on se retire en maugréant. La prière et le chant des cantiques sont le couronnement de cette seconde journée ; puis nous nous livrons au sommeil en rêvant du réveil.

Le réveil, en effet, ce sera Rome !

Quand on approche de la ville sainte, le touriste disparaît pour faire place au chétien : rien n'attire plus le regard, rien ne parle plus au cœur ; l'œil comme le cœur n'a plus qu'une préoccupation, deviner à l'horizon la silhouette des Sept-Collines.

III.

A ROME

Nous y sommes à six heures et demie. Nous n'avions pas mis les deux jours pleins pour la route. La direction se trouvait à la gare, avec les voitures nécessaires pour nous transporter aux logements retenus. Elle a fait preuve d'un zèle et d'un dévouement auxquels nous devons rendre un public hommage.

Le gros de la troupe fut dirigé sur l'hospice Sainte-Marte (Vatican) : quatre vosgiens faisaient partie de cette colonie. Des autres, et j'étais du nombre, deux cents sont logés à l'orphelinat des sœurs Saint-Joseph, de Cluny (1) ; le reste est dispersé dans le voisinage.

Donc le samedi, 9 novembre, à 8 heures du matin, nous étions tous casés. J'ai dit que notre train amenait six cents pèlerins bien comptés, ce qui portait à trois mille environ le chiffre des représentants du travail présents à Rome, la plupart du midi de la France.

Après quelques tâtonnements, le groupe lorrain de Cluny s'était réuni dans un dortoir commun. On procédait à une toilette sommaire, et l'on se mettait à la recherche d'une église pour célébrer la sainte messe. Pendant que les uns se dirigent vers Saint-Jean de Latran, les autres vers Sainte-Marie-Majeure ou Sainte-Praxède, qui sont tout près, nous allons à l'autre bout de Rome frapper à la porte des sœurs de la Providence, où nous trouvons le plus gracieux accueil.

A tout seigneur tout honneur. Notre première visite est à Saint-Pierre, où nous attend presque une déception, tant le rêve est ennemi du réel. Mais nous y reviendrons plus d'une fois, et toujours notre admiration grandira. Quand nous lui dirons adieu, la réalité aura surpassé le rêve ; elle nous semblera l'idéal....

____

(1) Près de Sainte-Marie-Majeure, via Buonarotti. Les bonnes sœurs ont retardé la rentrée du pensionnat pour mettre leurs dortoirs à notre disposition ; elles ont transformé les corridors en salles à manger. Mais à la guerre comme à la guerre !

De là, nous courons à Sainte-Marie-Majeure, la *Basilique Libérienne*, dont le plan fut tracé par un doigt mystérieux, peut-être par Marie elle-même. Rappelons le fait :

Au commencement du IVe siècle, vivait à Rome un illustre patricien nommé Jean, qui avait une tendre dévotion pour la Vierge bénie ; elle lui apparut une nuit pour leur demander une église, à lui et à sa pieuse épouse.

— Mais où ?

— Sur la colline que vous verrez demain couverte de neige.

Le lendemain, 5 août, ils voient le sommet de l'Esquilin tout blanc ; ils accourent ; nouveau prodige, le plan de la basilique est tracé sur la neige. Il n'y a plus qu'à l'exécuter. L'on se met à l'œuvre, et en l'année 352 le pape Libère consacrait le monument, sous le nom de Sainte-Marie des Neiges. Mais le peuple, avec cet instinct qui le caractérise, lui donnait son vrai nom : *Santa Maria Maggiore.* En effet, les colonnades en marbre, le baldaquin en porphyre, les mosaïques de l'abside, la voûte aux lambris dorés, les chapelles qui lui font une incomparable ceinture de marbre et d'or, les chefs-d'œuvre de peinture et de sculpture d'un prix inestimable, tout concourt à lui assurer le premier rang parmi les églises dédiées à l'Immaculée Mère de Dieu.

Nous ne leur accordons d'abord qu'un regard sommaire et nous allons droit au portrait de la bienheureuse Vierge, peint par l'apôtre Saint Luc. Cette vénérable image, sur bois de cèdre, devant laquelle les saints papes Symmaque, Grégoire III, Adrien, Léon III, Pascal Ier passaient les nuits en prière; aux pieds de laquelle Clément VIII venait pieds nus offrir le Saint Sacrifice, que Benoît XIV allait vénérer tous les samedis. Généralement un voile la cache aux yeux du public ; mais Léon XIII a donné des ordres spéciaux pour les pèlerins (1), et, sur un simple désir, le voile s'écarte et nous contemplons les traits augustes de la bienheureuse Vierge Marie.

Nous nous relevons pour aller à la *Chapelle du Crucifix*. Les dix colonnes de porphyre qui la décore, n'en sont pas le plus précieux ornement, et nous nous prosternons devant le reliquaire insigne, l'orgueil de la Basilique : on veut bien l'ouvrir, et nos yeux voient les planches de la crèche de Bethléem, auxquelles nous faisons toucher nos médailles et nos chapelets. Témoin des humiliations de Jésus et des grandeurs de Marie, ce bois, noirci par le temps, ne parle pas moins haut à notre cœur que celui de la croix lui-même : aussi y restons-nous longtemps.

____

(1) Même ce qui ne s'ouvre jamais, qu'à l'intervention d'un cardinal, s'ouvrait sur la simple carte d'un ouvrier français.

Nous remontons par la pensée le cours des siècles, nous nous représentons la colline couverte de neige au mois d'août, blanche et pure, au milieu des six autres, couvertes de fange. N'est-ce pas l'image de Marie au sein de la corruption du monde? Nous remontons toujours et nous la voyons, au jour de sa Conception immaculée, couronnant les hauteurs de l'humanité d'un éclat sans tache, comme la neige blanche les hauteurs de l'Esquilin; et nous comprenons que l'une n'est qu'une figure de l'autre dans le plan divin, et nous comprenons qu'on ait élevé ici une basilique *Majeure* à toutes les autres, et nous comprenons que Sixte-Quint, Paul V, Pie V et d'autres aient voulu y avoir leur tombeau, nous comprenons surtout que Pie IX, le pontife de l'Immaculée Conception, y ait d'abord choisi sa sépulture : pourquoi l'a-t-il transportée ailleurs?... Nous comprenons que l'Eglise y ait apporté les planches de la crèche : ah! comme elles sont éloquentes dans Notre-Dame-des-Neiges! elles nous racontent les humiliations de Marie au milieu des neiges de Bethléem ; mais comme elles chantent aussi ses grandeurs! Elles sont le véritable piédestal de la Vierge-Mère. Nous comprenons, enfin, qu'un pape, Paul V, ait fait dresser sur la *Place de Sainte Marie-Majeure* une colonne monumentale et placé sur cette colonne la statue en bronze de l'Immaculée :

la crèche de Bethléem et la neige de l'Esquilin ; l'Immaculée Conception et la Maternité divine sont en effet les deux points culminants de sa vie ; du haut de ces deux souvenirs elle rayonne sur le monde.

Nous remettons à plus tard la visite en détail du monument. Le touriste aura son jour ; à Rome, les prémices sont pour le pèlerin.

Après ces deux visites, il en est une troisième qu'un prêtre ne doit pas remettre au lendemain. Je prends donc le chemin de Saint-Jean de Latran.

C'était l'heure des vêpres, et le 9 novembre, anniversaire de la vénérable basilique, grande fête. Je tombais à pic.

Tout le monde sait que Latran fut d'abord le palais de Constantin, qui, après son baptême, en fit don au pape St Sylvestre, après y avoir jeté les fondements d'une basilique, prémice et mère des églises du monde entier. Le pontife en fit solennellement la dédicace le 9 novembre 324. Depuis cette époque, la date du 9 novembre est fêtée à l'égal du jour de Pâques par le clergé de Latran.

Nous ne dirons rien des cérémonies, présidées par le cardinal titulaire, au milieu du plus célèbre chapitre qui soit au monde. Nous aurons à parler demain d'une autre cérémonie plus imposante encore. Mais comment ne pas dire un mot de cette maitrise, qui possède une collection de voix peut-être unique au monde ? Un habitué de notre grand opéra parisien n'en revenait pas.

— Le directeur de l'Opéra nous vole notre argent, s'écriait-il ! Qu'il vienne apprendre ici l'art de sertir les voix, pour en faire un bouquet digne du grand public parisien, ou qu'il cède sa place à celui-ci !...

C'était un ecclésiastique à la figure fine, et que son habit violet nous signalait comme un dignitaire du chapitre. Le vénérable maître de chapelle occupait le devant de la tribune et sa troupe, rangée en cercle devant lui, faisait succéder les chœurs aux solis avec une *maëstria* qui nous tint longtemps sous le charme.

Le fait est que la formation des chœurs, aussi bien que le choix des solistes, révélait un maitre homme : il avait une connaissance profonde des voix, et un art consommé pour les grouper en *tuttis*, les diviser en solis ou duos, produire des effets d'ensemble ou égrener les perles de détail, étonner l'oreille ou la ravir tour à tour, par le jeu des diverses parties ou l'harmonie des chœurs, faire surgir ou cesser soixante voix d'un coup de baguette avec une promptitude d'attaque merveilleuse.

— Et dire qu'il obtient cela sans voix de femmes, reprenait mon voisin : ah ! ces Romains !...

— Vous savez le secret ?

— Oui ; il a des voix adorables d'enfants, et un ténor *di primo cartello* pour corser leur chant, en lui laissant sa pureté de timbre.

— Eh ! c'est justement ce qu'il faut trouver ; écoutez-moi ce ténor : cela dépasse tout ce qu'on rêve.

— Il a peut-être avalé un rossignol pour son diner !...

Hélas ! l'heure s'écoule et le cocher nous attend depuis bien longtemps, nous revenons encore nous agenouiller devant le maître-autel : sous un baldaquin ogival, supporté par quatre colonnes en granit, s'élève l'autel *papal*, où le Souverain Pontife seul a le pouvoir de dire la messe. Là, en effet, repose, outre les chefs de Saint Pierre et Saint Paul, et bien d'autres reliques, la table de bois sur laquelle Saint Pierre et ses successeurs célébraient les saints mystères : le pape Saint Sylvestre la retira des catacombes pour la déposer ici.

Un sacristain veut bien l'exposer à nos regards.

Nous visitons le petit sanctuaire où l'on conserve, derrière une grille de fer et sous de larges feuilles de cristal, la *table de la Cène*, ce bois sacré sur lequel le divin Sauveur institua l'Eucharistie.

Puis nous admirons l'abside dont Léon XIII vient de doter l'illustre basilique. Nous jetons un dernier coup d'œil sur cette nef véritablement royale, dominant les quatre autres par la magnificence et la majesté ; nous parcourons ces statues colossales des douze apôtres, que Clément XI paya 27,000 francs chacune, et nous nous promettons de revenir ; car ici chaque détail est un souvenir de la Rome des empereurs ou des catacombes, St-Jean-de-Latran étant pour ainsi dire bâtie avec des dépouilles opimes. Et puis nous n'avons pas vu les cloitres, où l'on garde la pierre sur laquelle les soldats jouèrent aux dés, la robe sans couture, la margelle du puits de la Samaritaine, une colonne fendue du temple de Jérusalem, souvenir et témoin des prodiges du Vendredi-Saint ! etc.

En sortant nous tournons à gauche pour visiter le *baptistère de St-Jean de Latran* ; Constantin y reçut le baptême des mains de St Sylvestre. Puis nous gravissons sur nos genoux la *scala santa*, l'escalier de marbre que Jésus monta pour aller au prétoire : il est formé de 28 marches en marbre blanc veiné, sur chacune desquelles le pèlerin se traine avec amour, à la suite de Jésus, qui les monta et descendit quatre fois, dans la matinée de la Passion (1), et la dernière fois avec la couronne d'épines !... C'est donc un véritable chemin de croix en 28 stations. Les genoux et les lèvres

---

(1) Il le monta pour comparaître au tribunal du proconsul, le descendit quand il quitta le prétoire et fut trainé au palais d'Hérode, le gravit de nouveau au retour, et le redescendit après la sentence, pour prendre le chemin du Calvaire.

des pèlerins les ont tellement usées, qu'Innocent XIII les fit recouvrir (en 1723) d'une armature en noyer, avec des *regards* de distance en distance, pour satisfaire la curiosité et la piété. C'est par là que nous pouvons faire toucher nos médailles et chapelets à la sainte relique. De nombreuses indulgences y sont attachées.

De là à l'église Sainte-Croix-de-Jérusalem il n'y a qu'un pas, nous le franchissons avec émotion : le trésor des reliques est ouvert pour nous. Nous vénérons trois fragments importants de la vraie croix, un des clous (long de 0,13 cent.) teint du sang du Sauveur, deux épines de la couronne, fort longues, le doigt de St-Thomas, qui fut mis dans le côté ouvert, et l'inscription placée par Pilate sur le chef de la Croix.

— Nous revenons par le Quirinal, demande le cocher ?

— Tiens, au fait, en sortant du Prétoire par l'escalier de marbre, Jésus fut conduit chez Hérode.

Hérode habite une triste maison, près de laquelle le touriste passe sans même s'arrêter, et le chrétien en pressant le pas. Aussi Hérode échangerait volontiers cette noire caserne contre le palais du Vatican qui l'éclipse, et Hérode s'y trouverait plus seul encore : la solitude le prendrait à la gorge !...

A 7 heures nous frappions à la porte de l'orphe-

linat, rue Buonarotti. Une surprise nous attendait.
Les bonnes sœurs, avec ce respect du prêtre qui
les distingue, ne pouvaient se faire à l'idée de
nous voir confondus dans les dortoirs communs ;
elles avaient donc transformé deux chambres en
petits dortoirs, avec le regret de ne pouvoir faire
plus. Or, grâce à la sollicitude et à la présence
d'esprit de M. l'abbé Petit, ce furent les ecclésiastiques du groupe de Nancy qui furent les privilé-
giés. J'ai dit comment nous avions été adjoints à
la petite troupe de M. l'abbé Petit, je dois ajouter
que quatre prêtres lyonnais firent de même, —
après avoir frappé à la porte des Langrois..... Je
bénis Dieu qui me les donna pour compagnons de
chambre : le souvenir du bon cardinal, Mgr Cave-
rots ne sera pas toujours le seul trait d'union entre nous.

On nous distribue des billets d'entrée pour la
grande cérémonie de la canonisation. Nous échangeons nos impressions et nous nous endormons en
disant : « A demain ! »

III.

·LES FÊTES DE LA BÉATIFICATION·

Dimanche, 10 novembre. C'est la France qui a les honneurs de la journée. La Rome des César avait fait du *triomphe* des héros le plus beau spectacle qui fût au monde ; la Rome des Papes n'a pas dégénéré, et Léon XIII a voulu que nos pèlerins fussent témoins de l'auréole que l'église catholique met au front de ses martyrs. Afin de leur donner une preuve de plus de son amour pour l'ouvrier, il a rompu avec toutes les traditions, rappelant d'office, avant la fin des vacances, tous ceux dont le concours était, de près ou de loin, nécessaire à cette solennité. Au jour fixé tout était prêt, et nos travailleurs ont pu contempler la glorification solennelle d'un fils d'ouvrier, leur contemporain et leur compatriote.

Dès 6 heures du matin, les prêtres se dispersaient dans les églises, à la recherche d'un autel disponible pour célébrer la messe. Pour moi, je reprenais le chemin de la Piazza Fiammetta, où je retrouvais la gracieuse hospitalité de la veille.

A 9 heures précises, j'avais rejoint mes compagnons sur la place Saint-Pierre, et nous nous dirigions vers la colonnade qui sert de péristyle à la basilique. C'est sous celle de droite que s'ouvre la porte donnant accès à la salle des fêtes. Nous la trouvons gardée par un piquet de suisses, chargés du contrôle des cartes.

Nous déposons à la consigne pardessus et chapeaux, puis nous montons par un plan incliné jusqu'à *l'escalier royal*. Là, nous sommes arrêtés par trois suisses qui en défendent les abords. Beau-coup de dames et d'ecclésiastiques sont déjà massés devant eux. Un missionnaire chinois, en costume national, attire l'attention avec sa toque verte à globule jaune. Des religieuses de tout ordre, mais surtout de Saint Vincent de Paul ; c'est naturel, on va béatifier un lazariste, dans les billets de faveur elles ont eu large part. Autour d'elles les élèves de leurs pensionnats, qui s'abritent sous leurs blanches ailes en chuchottant gaîment ; on dirait une couvée qui gazouille sous les ailes maternelles...

Derrière nous, la foule grossit de minute en minute, la queue s'allonge rapidement et les susurrements se fondent en un murmure confus. Bientôt des ondulations se produisent dans cette mer humaine, une poussée se fait, les suisses lâchent pied et nous montons une marche. Nouvelle station, puis nouvelle poussée qui nous porte sur la seconde marche. Bref, nous mettons une demi heure pour franchir moitié de l'escalier.

— « E com' all' scala santa ! » remarque ma voisine, une petite romaine vive et éveillée comme une fauvette à tête noire.

A la fin les suisses sont débordés, nous emportons d'assaut le reste du grand escalier. Nous franchissons une portière monumentale à tentures de velours rouge, gardée par un piquet de gardes pontificaux, dont la tenue de gala rappelle les vieux grenadiers de l'empire. Nous tournons à droite et trouvons une longue galerie éclairée par des lustres : elle est montée au pas de course. Seconde portière, mêmes tentures et même garde. Nous la franchissons et nous sommes dans une nouvelle galerie, éclairé *a giorno* par des lustres massifs ; les murailles sont tendues de vieilles tapisseries de Flandre : c'est l'antichambre que nous traversons entre une double haie de suisses en grand costume.

Enfin nous sommes dans la salle des béatifications, qui forme l'étage supérieur du *portique* de la basilique. Elle a donc, comme lui, 142 mètres sur 15. Les deux tiers en sont ouverts au public, l'autre réservé à la cour romaine.

De chaque côté, trois étages de tribunes superposées occupent toutes les parois latérales, 48 tribunes en tout, encadrées dans les tentures de velours rouge, relevées de glands d'or d'un superbe effet. Seules, les premières tribunes de gauche sont

éclairées par des fenêtres. La voûte est décorée de
caissons dorés : au sein une colombe déployant
ses ailes, au centre de rayons d'or, semble planer
sur l'assemblée. La porte d'entrée est surmontée
d'une tribune dans laquelle s'ouvre la *loggia*, de
laquelle le pape donnait jadis la bénédiction. (1)

Le fond est occupé par une peinture monumentale, que je ne puis mieux comparer qu'à la *gloire*
de nos ostensoirs. Au centre, un tableau qu'un
voile nous cache pour le moment ; de là partent
des rayons dorés qui forment comme un soleil
gigantesque, se détachant sur un ciel bleu ; dans
le ciel une couronne d'anges, comme dans les
assomptions de Marie ; 38 lustres, tombant de la
voûte forment en avant trois cercles concentriques
de lumières, pendant que 130 lustres en verre
éclairent la salle et que 600 bougies placées sur
les frises de la tribune qui court dans tout le pour-
tour de la salle (à la naissance de la voûte), complètent cette illumination féérique. Nous comptons
plus de 2.000 bougies dans la salle. Un famillier
du Vatican nous affirme qu'il y en a 5.000 en tout.

Une double haie de suisses en grande tenue
partage la salle en deux, comme nos églises. Le
côté de l'évangile est réservé tout entier aux pèle-

---

(1) C'était, en effet, la *salle des bénédictions*. Depuis que Léon XIII
ne peut plus descendre à Saint-Pierre pour les fêtes de béatifications
il a transformé celle-ci pour cet usage.

rins français, l'autre au public romain ; mais cela ne nous suffisant point, nous avons envahi presque moitié du côté de l'épitre.

Plus de 4.000 cartes avaient été distribuées (1) dont 3.000 aux pèlerins.

Quant aux ecclésiastiques du pèlerinage, on leur avait gracieusement assigné la première tribune à gauche (rez-de-chaussée). Elle est bientôt remplie et les derniers venus refluent dans les abords, obstruent les passages, et remplissent tout l'espace libre jusqu'aux sièges des cardinaux. Comme dans l'évangile, les derniers sont aux premières loges, seulement, ils n'ont pas de sièges ! et puis rien ne les protège contre la pluie de cire qui tombe des lustres !...

Bientôt la tribune qui nous fait face (première de rez-de-chaussée, à droite) se remplit et devient le point de mire : c'est celle de la famille du béatifié. Y prennent place : le frère du P. Perboyre, religieux lazariste, sa sœur, une religieuse de Saint-Vincent de Paul (2), son cousin (un médecin) et un autre parent ; puis M. Fiat, supérieur des lazaristes et quelques autres.

— Qu'est-ce donc que le bienheureux Perboyre ?

Il appartient par sa naissance au diocèse de

(1) Sans compter ceux que le postulateur de la cause fait entrer, par centaines, par l'escalier de service.

(2) Une autre de ses sœurs, fille de charité aussi, est dans les mission de Chine et n'a pu revenir à temps.

Cahors. A l'âge de six ans, il était berger ; puis Dieu l'appelle, il entre au séminaire, devient prêtre, professeur de philosophie, directeur de séminaire. Mais ce champ, si vaste, ne suffit pas à son zèle ; il a soif de sacrifice et se fait missionnaire. Pendant cinq ans, il évangélise la Chine, puis est saisi, bafoué, torturé, traîné de ville en ville, pendant une année entière, sans aucune défaillance physique ni morale. Enfin il consomme son martyre sur un gibet.

Pendant qu'on se redit tous ces détails, les autres tribunes qui nous font face se garnissent de cornettes blanches : elles sont si souvent à la peine, c'est juste qu'elles soient à l'honneur. Aussi leur a-t-on ouvert quatre ou cinq tribunes.

Mais voici un huissier qui vient à nous, on s'écarte : il conduit à la tribune diplomatique (au-dessus de la nôtre) M. de Montbel et le second chargé d'affaires (1). Tout à l'heure viendra l'ambassadeur de Portugal en grande tenue, accompagné de son premier chargé d'affaires et de sa famille. C'est tout ce que recevra aujourd'hui la tribune diplomatique (2).

Dix heures. — Prélude de l'orgue : silence, voici le cortège ! L'église convoque pour faire cor-

---

(1) M. Lefevre de Béhaine, l'ambassadeur, est encongé.

(2) Presque toutes les tribunes de gauche sont vides : elles sont réservées aux cardinaux pour leurs amis.

tège au *triomphateur* chrétien l'élite de ses grands dignitaires ; mais, nous l'avons dit, c'est l'époque des vacances qui éloigne de Rome les principaux. Malgré cela, nous voyons s'avancer le Chapitre de Saint-Pierre, les généraux des ordres religieux, divers prélats, quelques évêques, les consulteurs des congrégations, les cardinaux assistés de leurs familiers, la Sacré Congrégation des Rites au complet. C'est Mgr Aloysi Massala, préfet de ladite congrégation, Mgr Bianchi, prodataire, Mgr Parocchi, cardinal-vicaire, Mgr Langénieux, archevêque de Reims, Mgr Melchers, cette figure claustrale qui semble avoir servi de modèle à Zurbaran, et six autres qu'on ne me nomme point. Derrière eux prennent place Nosseigneurs les évêques de Verdun, de Luçon et d'Agen, Mgr Potron, évêque de Jéricho, un évêque franciscain et quelques prélats. Les autres dignitaires ecclésiastiques leur font face, également sur deux rangs de siège.

Au milieu, les chefs de cérémonies en petits surplis, et les *bussolanti* en habit violet, vont et viennent, dirigeant tout. Enfin chacun a trouvé sa place, l'orgue se tait ; Mgr Nussi, secrétaire de la Congrégation des Rites, vient, accompagné du postulateur de la cause, demander l'autorisation de lire le bref de béatification.

· Elle est faite du haut d'une chaire improvisée et semble bien longue. Elle se termine cependant....

à dix heures cinquante ! Alors le cardinal-vicaire entonne le *Te Deum*, le voile (qui nous cachait le tableau du fond) tombe, c'est un vrai coup de théâtre : la figure du bienheureux nous apparaît dans toute sa gloire, rayonnante, transfigurée, les yeux en extase, les mains tendues vers le ciel ouvert, pendant qu'un ange lui pose une couronne sur la tête, et qu'un autre lui apporte une palme (3). Grâce à la disposition des 38 lustres, la peinture, qui en occupe le centre, se détache dans un puissant relief.

En même temps se passe une autre scène sur l'autel, disposé pour la cérémonie au bas de la peinture : on y expose une relique du nouveau bienheureux, éclairée par un candélabre à cinq branches.

Tout le monde est à genoux, l'effet est grandiose, unique. Les yeux se portent alternativement sur le tableau de la béatification et sur les parents du bienheureux Perboyre, qui versent des larmes de joie...

— Croyez-vous qu'il puisse y avoir un bonheur plus grand sur la terre, me dit mon voisin ?

— Jamais !

Et nous verrons, au sortir de la cérémonie, des

______

(3) C'est l'œuvre de Jules Rolland, un jeune artiste romain qui a de l'avenir. C'est égal, j'aurais voulu un peintre français, puisque nous en avons à Rome.

religieuses se pendre au cou de la sœur du Bienheureux, et l'embrasser... pour recueillir une
miette de ce bonheur ! Elles ne la connaissent pas,
mais elles vont répétant partout : « J'ai embrassé
la *sorella !* Quel bonheur !»

Pendant que le *Te Deum* se poursuit entre le
public faisant un chœur, et la maîtrise de Saint-
Pierre faisant l'autre partie en faux-bourdon,
avec les élèves des frères, des huissiers distribuent
des exemplaires de la bulle et de la vie du bienheureux Perboyre à tous les prélats présents.

Puis Mgr Lenti, patriarche de Constantinople,
chante la Messe, au cour de laquelle la maîtrise de
Saint-Pierre et les élèves des frères, sur deux tribunes improvisées aux côtés de l'autel, font enten-
dre différents morceaux.

— C'est admirable, s'écrie-t-on près de moi.

— Vous n'étiez pas à Saint-Jean-de-Latran, hier ?

— Non.

— Alors je comprends que vous trouviez ceci
admirable.

Nous sortons à midi et demi. Les uns cherchent
un brosseur, ils sont constellés de cire ! Les autres
un restaurant.

— Allons-nous au plus près ?

— Jamais, répond M. l'abbé Petit, les hôtels
voisins vont être encombrés : l'on y est fort mal
servi et rançonné....

— Comme dans les Abruzzes !

— Absolument.

Nous hélons cinq où six voitures, et nous voilà partis sur l'autre rive du Tibre, à la recherche d'une *tratteria* (d'un traiteur).

———

IV

AU VATICAN

A deux heures précises, nos voitures nous déposaient sur le parvis de Saint-Pierre ; car ce jour-là Léon XIII avait fait ouvrir les portes du Vatican, et les pèlerins y pénétraient sur la simple présentation de leur carte. Beaucoup y montèrent dès la sortie de Saint-Pierre.

Pour nous, nous nous reprochions un peu d'avoir perdu deux heures ; mais M. l'abbé Petit réparera le mal en se faisant notre *cicerone*.

Oh ! il n'a pas la prétention de nous faire voir le Vatican. Le Vatican est tout un monde où salles, corridors, chapelles, galeries, cours et jardins se succèdent comme dans les histoires merveilleuses qui ont passionné notre enfance. On y compte 40 cours, 8 grands escaliers, 200 escaliers de service,

13,000 chambres ou pièces, presque toutes affectées aux collections, archives, bibliothèques, etc. En deux heures, on ne peut faire qu'une simple excursion parmi ces richesses artistiques, donner un coup d'œil rapide aux principaux chefs-d'œuvre de la peinture et de la sculpture, qui font du Vatican le foyer du beau aussi bien que du vrai, le centre du monde.

« Le monde a toujours eu une capitale, dit Victor Hugo, comme un corps a une tête. » Cette capitale fut successivement Athènes, Rome, Jérusalem. « De chacune de ces trois villes sort un
« rayon : à elles trois elles font toute la lumière.
« Jérusalem dégage le vrai, Athènes dégage le
« beau, Rome dégage le grand. Autour de ces trois
« villes, l'ascension humaine a accompli son évo-
« lution. Elles ont fait leur œuvre. Aujourd'hui.
« de Jérusalem il reste un gibet, le Calvaire ;
« d'Athènes, une ruine, le Parthénon ; de Rome,
« un fantôme, l'Empire romain.

« Ces trois villes sont-elles mortes ? Non. L'œuf
« brisé ne représente pas la mort de l'œuf, mais la
« vie de l'oiseau. Hors de ces enveloppes gisantes
« plane l'idée envolée : hors de Rome, la puis-
« sance ; hors d'Athènes, l'art ; hors de Jérusalem,
« la liberté. Le grand, le beau, le vrai, » les trois rayons qui composent l'idéal !

Paris prétend sans doute les avoir réunis au

Champ-de-Mars. Il a convié l'univers entier à venir se réchauffer et s'éclairer à la lumière de ces trois rayons, dont la tour Eiffel lui semblait le chandelier nécessaire ; il a eu un certain succès passager, les myopes ont pu être éblouis, mais au fond l'humanité ne s'y est pas trompée. Le centre du monde n'est pas à Paris, mais à Rome : les papes y ont rassemblé ces immortelles « enveloppes gisantes, » qui n'étaient que les langes du grand, du beau et du vrai : ils en ont dégagé les trois rayons et les ont réunis dans un faisceau lumineux et fécond. Ce n'est pas Paris, c'est Rome, qui a fait luire enfin sur le monde régénéré, le plein jour de la vraie civilisation : Paris le sent si bien lui-même, qu'il envoie ses artistes se mûrir à ce soleil, avouant ainsi que Rome est le foyer définitif des arts et des sciences, la patrie des esprits aussi bien que des âmes.

Tel est le sentiment qui vous saisit dès le premier jour que vous passez dans la ville éternelle, pour grandir à chaque pas que vous y faites ; mais qui vous domine absolument au sortir du Vatican. L'on va du musée Lapidaire au musée Etrusque, et de celui-ci à l'Egytien ; on passe du Profane au Chrétien ; puis c'est la galerie des statues qui vous attire, la salle des bustes, celle des muses, et dix autres, et vous remontez au premier étage pour les loges de Raphaël, la chapelle

Sixtine, la galerie des tableaux, la bibliothèque
Vaticane, etc, Bref, vous courez partout, et quand
vous sortez, après deux heures passées comme un
rêve, vous emportez sans doute une violente mi-
graine, — comme de tous les musées ; — mais
vous gardez aussi une satisfaction, j'allais dire
une satiété délicieuse, unique, qu'on ne goûte pas
ailleurs, au moins avec cette plénitude, vous n'é-
prouvez plus le désir de contempler autre chose...

Aussi n'est-ce point un aliment nouveau à la curiosité, que nous allons chercher aux jardins, mais
un délassement. Ils couvrent tout le mont Vatican,
lui tressant une couronne de feuillage, après l'a-
voir ceint de verdure et de fleurs. Nous allons
boire un verre d'eau à la *grotte de Lourdes*, qui
termine délicieusement une allée solitaire, pleine
d'ombre et de mystère : une petite lampe y brûle
constamment par ordre de Léon XIII, pendant
qu'un filet d'eau coule du rocher en murmurant
son « Ave, ave ! »

Nous joignons notre prière à celle qui monte de
la lampe et de l'onde, pour supplier la Reine du
ciel d'abaisser un regard miséricordieux sur la
foi de son grand serviteur :

> Ta foi sera bénie,
> Noble vieillard !... En Marie,
> La mère de l'enfant divin,
> Espéra-t-on jamais en vain ?

De là, sans nous arrêter parmi les orangers aux pommes d'or, nous montons au sommet du *mont Vatican* : vue magnifique !

Malheureusement on ne peut plus en jouir : les casernes ne bornent pas le regard, mais vous forcent à le détourner, ce qui est pire. On croirait l'homme créé pour gâter l'œuvre de Dieu. Quand il le fait d'une manière inconsciente, ce n'est rien encore : mais quand il s'ingénie à noircir le petit coin du ciel bleu qui reste au prisonnier, il a un ricanement satanique. Nulle part ce ricanement ne s'entend comme autour du Vatican : là, il est tangible.

Depuis bien des années déjà, le Pape ne peut se hasarder dans Rome, il sait trop à quoi il exposerait le chef de l'église. Naguère encore, il a été abreuvé d'amertumes. Jamais aucun pape n'a été captif comme lui. Ceux qui vivaient dans les catacombes étaient plus libres. La franc-maçonnerie a entouré le Vatican d'un réseau infernal. C'est l'ennemi acharné du pape et de l'Eglise. Et voilà qu'aujourd'hui on resserre encore les mailles de ce réseau : Léon XIII ne peut plus se hasarder jusqu'à l'extrémité de ses jardins sans exposer sa dignité.

Juste au moment où, assis sur un pan de mur, nous le constations avec indignation, le Pontife recevait en audience les membres de la direction du pèlerinage. Un éclair de joie illuminait son regard :

— Ah ! ce sont mes pèlerins français !

Mais bientôt la mélancolie reprenait ses droits, et c'est avec une douloureuse amertume qu'il leur dit :

« — Voilà douze ans que je n'ai pas quitté cet
« appartement, qui est ma prison.. Oui, reprit-
« il avec une singulière énergie, une vraie prison,
« quoi qu'on en dise ! Je ne voudrais pas souhaiter
« à ceux qui se disent mes ennemis et qui me pro-
« clament libre, une liberté comme la mienne. La
« parole de Dieu n'est pas enchaînée, c'est vrai,
« mais le Pape est captif... »

Un simple fait en donnera une idée. J'ai dit que nous avions parcouru la *Galerie des tableaux*, qui s'ouvre précisément à dix pas des appartements pontificaux. Dans la seconde galerie, après avoir admiré la *Communion de Saint Jérome*, la *Transfiguration* et la *Vierge au Donataire*, nous en avions acheté les photographies grand module. Le gardien prend un numéro de la *Chronaca Nera* (la *Chronique Noire*) pour les envelopper :

— Vous n'avez pas d'autre papier ?

— Non.

— Alors, gardez vos photographies.

En effet, il avait devant lui tout un stock de cette infâme marchandise maçonnique, anti-cléricale et pornographique, qu'il débitait à vingt-cinq pas du pape.....

Avant de quitter les jardins, nous poussons jusqu'à l'élégante *Villa pia* (ou *Casino del Papa*), qui en occupe le point culminant. C'est là que le Souverain-Pontife est venu plus d'une fois chercher quelques jours de repos. On y montre même un jeu de *piccolo* qui aurait eu le don de le distraire de ses graves soucis.

— Eh ! me dit mon compagnon, si nous terminions notre journée par l'ascension du dôme ?

— C'est une idée ; mais avons-nous le temps ?

— Encore une demi-heure avant la clôture, ce n'est guère ; mais il n'est ouvert qu'aujourd'hui.

Nous quittons précipitamment les jardins pour rentrer à Saint-Pierre : les 600 à 700 marches sont franchies au pas de course. Quand nous arrivons à la lanterne, soufflant, tout en nage, la fraicheur du soir tombait. Elle nous saisit et nous force d'abandonner la partie. Nous redescendons vivement sans avoir pu jouir à notre aise du splendide panorama qui s'étend à nos pieds. Et pourtant l'on s'oublierait volontiers à voir de là-haut les sept collines s'endormir, à évoquer tous les grands souvenirs qui sont ensevelis sous ces ruines, et les ombres qui peuplent ce Forum, ce Capitole, ce Colisée, dont les profils s'estompent dans l'ombre du soleil couchant. Encore un rêve que nous ne réaliserons pas !...

Enfin nous sommes en bas, nous reprenons

haleine sur la grande place, que le soir rend plus imposante par les masses d'ombre qui tombent du colosse de marbre. Hélas! les frissons nous reprennent et nous nous rappelons, un peu tard, les sages recommandations de sœur Xavier : « Ne partez pas sans votre pardessus ! » Mais il faisait si chaud, le matin, que Joseph, l'un de nos compagnons, avait attrapé un coup de soleil !...

Voilà Rome : grande chaleur dans la journée, l'étranger sans défiance se met à l'aise pour sortir. Puis le soir, quand les brouillards du Tibre montent subitement, la température passe au froid, sans transition, et si vous êtes loin de votre hôtel, vous êtes très exposé. Pour moi, j'en fis une triste expérience, qui heureusement n'eut pas de suite.

Nous devions être tous rentrés à 6 heures ; car il y avait à Rome des élections municipales, la bataille était chaude et l'on craignait des manifestations bruyantes pour la soirée. Nous cherchons une voiture, il n'y en avait plus, et il fallait traverser Rome presque tout entière...

Enfin, à sept heures nous avions retrouvé notre gîte. Après le souper, pris en commun, nous eûmes la visite de Mgr Pagis, qui nous adressa quelques mots pleins d'humour et d'à-propos.

Après lui, c'est le tour de M. Harmel (Félix) qui fait une véritable conférence. Sa parole simple, cordiale, chaude, sympathique, électrise littéralement nos ouvriers, en leur rappelant le but de notre croisade, car c'en est une, la *croisade du travail.*

— Et pourquoi l'ouvrier a-t-il pris la croix ? Pour conquérir la liberté. On prétend l'avoir affranchi en 89 : rien de plus faux. Ce qui est vrai, c'est que jamais le travailleur ne fut plus esclave : il faut donc une véritable croisade pour lui donner :

1° La liberté de son âme, asservie par la tyrannie de l'erreur et des doctrines socialistes, de son âme qui a soif de vérité et ne s'abreuve qu'à des sources empoissonnées... Pauvre âme ! ne t'abreuve plus qu'ici, à l'eau vive du Verbe de Dieu. Là seulement tu puiseras des paroles de vie ; tu y puiseras pour toi, tu y puiseras pour tes enfants, tu y puiseras pour tes frères...

Car il faut qu'après avoir affranchi ton âme, tu affranchisses l'âme de tes frères ! Et que leur diras-tu, à tes frères d'atelier ? Tu leur diras, comme les envoyés de Jean, ce que tu as vu et entendu dans le désert : tu seras apôtre, après avoir été pèlerin !

2° La liberté de l'Eglise. Ah ! je sais bien qu'on ne cherche plus à la noyer dans son sang, comme en 93 ; mais on voudrait l'asservir...

Après avoir rappelé en quelques mots énergiques les derniers attentats, commis en France et en

Italie contre la liberté de l'Eglise, les entreprises sacrilèges de la franc-maçonnerie et de la Révolution contre ses droits séculaires, l'orateur s'écrie :

« Courage ! vous combattez pour une cause
« qui n'est jamais si près du triomphe que
« quand elle semble vaincue. Elle semblait bien
« vaincue après la mort du Christ, au samedi-
« saint, et le lendemain les apôtres chan-
« taient l'*alleluia*. Elle semblait bien morte et
« enterrée dans les catacombes, et Constantin
« montait à cheval pour faire triompher la croix.
« Elle semblait bien morte aux bourreaux du
« bienheureux Perboyre ; or, vous venez d'assister
« au triomphe du martyr et de la cause qu'il
« défendait...

« Amis, haut les cœurs ! Soyons vaillants, lut-
« tons comme nos pères pour la sainte cause du
« Christ et de son Eglise, et, nous aussi, nous ver-
« rons son triomphe. »

3° La liberté de la France, asservie par une poignée de sectaires maçonniques. Et, remontant jusqu'aux quatre articles de 1682, l'orateur nous montre la France commençant à déchoir, quand elle commence à se séparer du pape, et, l'histoire en main, il nous fait voir cette déchéance s'accentuant avec notre émancipation de l'autorité ponti-ficale. Il conclut qu'elle ne retrouvera sa gran-deur, sa prospérité, sa place en tête des nations que quand elle sera redevenue la fille aînée de l'Eglise et le soldat du pape. A nous d'y travailler en popularisant autour de nous le nom de Léon XIII.

Enfin il termine en évoquant le souvenir des anciennes corporations ouvrières et y trouve la solution de la question sociale. Il faut que le pape soit libre, pour qu'il protège efficacement la dignité de l'ouvrier et l'honneur du travail. Le sort de l'ouvrier est donc lié au sort du pape.

Quand les applaudissements ont cessé, l'orateur nous donne rendez-vous demain, à sept heures et demie, sur la place de Saint-Pierre. Inutile de distribuer des billets d'entrée : chaque chef de groupe marchera en tête des siens, pour abréger les formalités du contrôle.

Du reste, nous n'avons pas attendu la fin pour remonter au dortoir, précédé par les frissons et suivi par un point de côté.

— Décidément nous n'avons qu'un moyen d'être debout demain ; c'est de suer toute la nuit.

Toute la nuit, en effet, y fut consacrée. Que M. l'abbé Bailly, le sympathique vicaire de Saint-Gengoult de Toul, soit béni pour son dévouement, et ses compagnons pour l'intérêt qu'ils ont témoigné à un étranger !

VI.

LA MESSE PONTIFICALE

Enfin, c'est aujourd'hui ! Fête de Saint Martin, l'apôtre des Gaules, jour admirablement choisi pour resserrer l'antique alliance du pape et de l'ouvrier.

A cinq heures, une bougie s'allume ; en un clin d'œil tout le monde est debout dans notre petite chambrée. En attendant l'heure de l'ouverture des églises — car les prêtres veulent inaugurer cette grande journée par le Saint-Sacrifice et les laïcs par la communion — l'un dit son bréviaire, l'autre prend ses dispositions, tous sont rayonnants.

A six heures, il ne reste plus personne, que le pauvre malade consigné dans son lit. Certes, après la nuit qu'il vient de passer, la consigne est plus que justifiée : elle n'en est pas moins cruelle.

— Avoir fait 1500 kilomètres pour contempler les traits du vicaire de Jésus-Christ et s'en retourner sans avoir vu sa face, baisé sa main, jamais ! Allons, à la garde de Dieu !

J'allais me lever, quand la bonne sœur entra.

Elle m'apportait une infusion, sur la prière de M. l'abbé Petit.

— Ma sœur, pourriez-vous faire sécher une de ces chemises; car je veux changer encore?

— Mais il faut d'abord la laver.

— Non, ma sœur, je ne pourrais attendre.

Trois quarts d'heure après, elle revint. En un clin d'œil je fus debout. A sept heures, je courais à la recherche d'une voiture; à sept heures et demie, je débouchais sur le parvis de Saint-Pierre, grelottant la fièvre.

J'arrivais le dernier au rendez-vous. Les premiers attendaient depuis une heure et demie! En effet, dès six heures la grande place s'était animée; puis les petits groupes avaient grossi de minute en minute. Maintenant c'est une masse profonde, dont les flots ondulent sous le portique de droite et débordent sur les marches, car on doit pénétrer à la basilique par une entrée latérale et la porte de bronze.

Eh oui! l'accès principal est clos, et Saint-Pierre consigné au public. Le pape en est réduit là, qu'il ne peut plus descendre dans sa cathédrale, ce monument élevé et décoré par ses prédécesseurs, à moins que d'en fermer les portes et de le transformer en chapelle privée!

Nous étions à maudire les auteurs de cette situation, quand le cortège s'ébranle à un signal. La direction du pèlerinage avait pris des mesures d'ordre ; des commissaires désignés nous mettaient sur quatre rangs dès la traversée du couloir. En franchissant le seuil de la basilique, les bannières sortaient successivement de leurs gaines.

Bientôt la colonne tout entière est entrée : elle déroule majestueusement ses orbes, en serpentant sur un parcours d'un kilomètre. Immense procession, qui semble perdue dans les profondeurs du temple colossal ! Il n'en faut pas moins pour permettre à l'œil d'apprécier sa grandeur ; il faut voir le peu de place qu'y tiennent trois mille hommes et soixante-cinq bannières, pour le saluer comme la capitale de l'église *catholique*.

Nos compliments sincères à M. le vicomte de Malherbe, le général de cette armée de pèlerins : il l'a fait manœuvrer avec une précision qui a excité l'admiration des officiers du Vatican.

C'était une armée, en effet, que cette vaillante troupe, avec ses soixante-cinq étendards, représentant tout ce que les corporations ouvrières de France ont de militant. Elle marche aux chants populaires : *Espérance de la France !* et *Pitié, mon Dieu !* qui vibrent comme la voix du clairon, sous ces voûtes de 135 pieds d'élévation. Ensuite vient l'*Ave Maris Stella*, puis un vigoureux *Sancte Petre, ora pro nobis !* en face de la confession.

On fait le tour du maître autel, en passant par

la gauche, — comme aux Rois, — et l'on prend place dans le transept de droite, isolé du chœur par une cloison mobile. Les trois mille pèlerins y tiennent à l'aise. C'est là que siégea le concile du Vatican, là que l'infaillibilité pontificale fut proclamée ; et c'est là aussi que Léon XIII veut tenir le concile du travail et proclamer la paternité du pape sur la grande famille des ouvriers français.

L'autel des SS. Procès et Martinien, qui occupe le fond du transept, a disparu. Trois mètres en avant, se dresse l'autel pontifical, surmonté d'un baldaquin improvisé. C'est simple et riche : des tentures en soie blanche, relevées de galons d'or, en forment la devanture ; un gradin de même sert de rétable : il porte six chandeliers d'argent ; au centre une croix, accostée des statues de Saint Pierre et de Saint Paul, en constitue toute l'ornementation. Au-dessus, des tentures de satin rouge-grenat, comme fond, sur lequel se détache une superbe tapisserie d'Arezzo, représentant la scène du Rosaire (Saint Dominique et la Sainte Vierge).

Le palier de l'autel et ses deux marches disparaissent sous un tapis rouge, et le pavé de marbre sous un tapis vert, qui s'étend en avant et aux côtés jusqu'aux pèlerins.

A mesure qu'ils arrivent, les pèlerins déposent leurs bannières contre la cloison de gauche, qui se trouve ainsi richement pavoisée. Cette cloison, haute de trois mètres, masque en partie un orgue qu'on y a roulé la veille (1) : elle est surmontée d'une tribune improvisée pour les chantres de la chapelle Sixtine.

Tout en prenant place, les pèlerins continuent les chants de la procession. Peu à peu ces diverses invocations ont pris fin.

A huit heures précises, Léon XIII quitte ses appartements particuliers, il descend par l'escalier qui aboutit à la chapelle du S. Sacrement (la 4e de droite), dont la grille s'ouvre aussitôt. Tout le monde s'est retourné, pour faire face au cortège.

Pas d'appareil, ni *sedia*, ni cardinaux, pas même le chapitre de Saint Pierre, que Léon XIII a congédié en mettant le pied à la basilique (2) : ce n'est point le pape qui vient donner une audience, mais le père qui désire passer quelques heures au milieu de ses enfants, dans l'intimité. Il y a là une attention, une délicatesse de cœur qui double le prix de la faveur dont nous sommes l'objet: l'ouvrier français est de ceux qui sentent vivement ces nuances, aussi voyons-nous bien des yeux se

---

(1) Le grand orgue de Saint-Pierre est depuis longtemps en projet. En attendant, il y a deux ou trois orgues portatifs assez puissants : ils sont montés sur des espèces de chars que l'on roule à la chapelle où se fait une cérémonie.

(2) Nous les entendrons tout à l'heure psalmodier l'office canonial dans une chapelle voisine.

mouiller de larmes. Un jardinier de Pont-à-Mousson sanglote à nos côtés pendant qu'il s'incline sous la main qui bénit.

Quand nous relevons la tête, le cortège est passé. Sa Sainteté, en soutane blanche, rochet brodé et camail rouge, est assise dans une *portantine*, sorte de palanquin découvert, capitonné à l'intérieur de satin bleu de ciel, et relevé à l'extérieur de dorures, peintures artistiques et fines sculptures. Les quatre porteurs, à livrée rouge, tranchent vigoureusement sur ce fond.

En outre, la litière pontificale est accostée de quatre gardes-nobles en costume de gala, avec un officier. Un piquet de suisses la précède, ainsi que plusieurs camériers. Quelques prélats intimes et trois évêques français lui font cortège.

Aucun cri ne s'est élevé à son passage, pas de vivats, rien qu'un silence respectueux et attendri. Qui donc a dit que « le silence des peuples est la leçon des rois? » Ce n'est pas toujours vrai.

Léon XIII est descendu devant l'autel. Après une courte prière, il revêt ses ornements pontificaux. Pendant ce temps nous avons joué des coudes pour sortir de la foule... Nous sommes enfin, à dix pas de l'autel, juché sur la base d'un pilastre, disposé à à ne pas perdre un coup d'œil ; car de là on domine toute l'assemblée. Laissons maugréer les jaloux.

Voici le pape debout au pied de l'autel, assisté de Nosseigneurs Sinistri et Lenti, qui répondent au psaume *Introïbo*. A la montée, ils le soutiendront sous les bras.

Pendant ce temps, les gardes-nobles se sont rangés autour de l'autel, deux à droite, deux à gauche, l'officier au centre. Derrière eux prennent place, en demi-cercle, à droite les chefs des divers groupes de pèlerins, à gauche Son Em. le cardinal Langénieux, archevêque de Reims, Nosseigneurs de Verdun, de Luçon et deux ou trois prélats domestiques. A leur suite, se presse la foule des pèlerins, dont les premiers rangs peuvent suivre la messe pontificale.

Quant aux autres, s'ils ne voient rien, ils entendent. Après un prélude d'orgue, voici quelques voix de la chapelle Sixtine : ce sont les mêmes que la veille, mais le caractère suave et grave des morceaux choisis contraste singulièrement avec la puissante *maëstria* d'hier. Le duo de l'élévation fut surtout admirable de pureté, d'expression et de rendu. Mais nous n'écoutons que d'une oreille : toute notre attention se concentre sur le vénérable célébrant. Ses traits amaigris, son attitude défaillante, son dos non pas courbé, mais qui fléchit habituellement sous le faix du gouvernement du monde, tout en lui accuse un excès de veille et de soucis. Nous comprenons mieux encore, en voyant son médecin l'envelopper d'un regard préoccupé, aller et venir anxieusement, toute l'étendue de la faveur exceptionnelle accordée aux ouvriers français. Avec eux, Léon XIII ne calcule point, il se donne, il se livre tout entier : *ubi amatur, non laboratur*, l'amour enlève la fatigue.

Il savoure cette satisfaction intime, qui se reflète sur les lèvres du vieillard, faire des heureux... malgré son médecin ! son front porte un autre reflet, qui vient de l'autel, celui-là, il l'entoure d'une majesté sereine et répand autour de lui un parfum surnaturel indéfinissable. Où donc l'ai-je déjà senti ? A la première messe d'un jeune prêtre sans doute ; mais jamais avec cette intensité. C'est qu'en effet Léon XIII est un octogénaire qui a gardé à l'autel la jeunesse sacerdotale, cette fraîcheur des émotions du jeune lévite, qui double le rayonnement du prêtre à cheveux blancs. Nous ne redirons pas l'accent pénétré de sa voix, le ravissement de son regard quand il se lève vers le crucifix, ni son recueillement quand il l'abaisse sur l'autel. A la fin cependant, le tic nerveux qui secoue Léon XIII comme un hoquet, imperceptible d'abord, devient si fréquent et si accentué qu'il détruit un peu le charme.

Mgr Lenti offre la main pour la descente de l'autel : une fois qu'Elle a un point d'appui, Sa Sainteté relève la tête, et descend avec une certaine aisance pleine de distinction. Hélas ! ce n'est qu'un effort de volonté ; les prières qui suivent la messe sont récitées d'une voix bien fatiguée. Puis, les habits sacerdotaux déposés, le vénérable vieillard va échouer assez péniblement au *faldistorium* (1), d'où il assiste à une messe d'action de grâces, dite par Monsignor Buoncompagni, l'un de ses camériés secrets.

La chapelle Sixtine s'est tue. L'un des chefs du pèlerinage entonne le *Credo* du 1er ton, que les pèlerins poursuivent à deux chœurs. Certes ce n'était pas la première fois que nous l'entendions, et pourtant il éclatait comme une révélation : c'est qu'il était chanté près du tombeau des Apôtres, aux pieds de leur glorieux successeur ; c'est qu'il s'échappait vibrant des entrailles du peuple, comme une proclamation de sa foi, de son espérance, de ses droits inaliénables :

Peuple, où donc sont tes droits ? Homme, où donc est ton âme ?

s'écriait un jour le poète Tribun. S'il eût été à Rome le 11 novembre 1889, s'il avait entendu trois mille ouvriers français chanter en chœur le *Credo*, V. Hugo saurait la réponse du « peuple ».

— Mes droits, ils ne sont pas inscrits dans la « proclamation des droits de l'homme » dont vous

____

(1) Sorte de prie-Dieu en velours rouge, dont les accoudées, de même étoffe, sont supportées par quatre colonnes dorées, surmontées de têtes d'anges assez fines.

faites le centenaire aujourd'hui ; mes droits, ils sont inscrits dans le *Credo* ; mon âme, elle chante à Rome.

Enfin, elle se retrouvait, la grande âme du peuple : l'air natal, respiré au foyer de la famille chétienne, la faisait revivre : elle chantait sa foi avec ces élans chaleureux, cette puissance d'expansion qui caractérisent le français et transforment toute joie populaire en manifestation.

Le chant du *Credo* fut suivi du *Laudate Dominum, omnes gentes*, puis une voix entonne l'*Oremus pro pontifice Nostro Leone*, « prions pour notre saint pontife Léon XIII. » Et tous, dans un élan d'amour, reprennent : *Dominus conservet eum et vivificet eum, et beatum faciat in terrâ, et non tradat eum in animam inimicorum ejus.*

Aux premiers mots, enlevés avec cette *furia francese* qu'on nous reproche souvent, Sa Sainteté avait caché sa tête entre ses mains. Elle se rappelait sans doute ce qu'on avait tenté depuis un siècle pour perdre la papauté dans l'esprit des masses : guerre sans trève ni merci, où juifs et franc-maçons, journalistes et politiques, Voltaire et Bismarck, avaient trouvé des alliés parfois jusque sur les marches de l'autel, pour découronner « l'idole du Vatican », croyant sans doute lui ravir sa puissance avec son trône :

Ils ont peur d'un vieillard !... vite, qu'on le bâillonne !
Pour perdre sa puissance, enlevons sa couronne ;
Il n'aura plus de place au monde pour siéger....
— Insensés ! mais qui donc fait des places au monde ?
Celui qui fit la terre et l'onde
Lui tendra, s'il le faut, sa main pour l'habiter ! (1)

Il lui offre plus qu'un refuge, il lui offre un trône, et un trône à l'abri des canons, le cœur de l'ouvrier, l'amour du peuple, qui peut vendre son vote, mais ne vend encore ni sa prière, ni ses larmes ; or c'était bien une prière trempée de larmes populaires, celle qui montait vibrante, autour du tombeau de Pierre, redisant pour la millième fois : « Seigneur, veillez sur lui ; rani- « mez le flambeau de sa vie ; comblez-le de jours « et de bénédictions ; ne le livrez pas à la haine « de ses ennemis ! Qu'il voie enfin le triomphe de « l'Eglise !... »

Sur un signe de la direction, le *Dominus conservet eum* fut bissé avec un brio, un entrain qui ache- vèrent la conquête de Léon XIII. Pendant qu'on terminait par les invocations : *Sancte Petre, Sancte Leone, ora pro nobis !* Nous le vîmes essuyer ses yeux, puis se lever.

La messe d'action de grâces était, en effet, ter- minée. Sa Sainteté disparut quelques instants derrière l'autel, le temps de prendre une légère réfection, le consommé habituel.

---

(1) *Le Pape*, ode à Léon XIII, à laquelle l'abbé Chapiat n'eut pas le temps de mettre la dernière main. Il lui faudrait peu de retouches pour la livrer au public : peut-être le ferons-nous.

VII.

L'AUDIENCE

Pendant ce temps, les pèlerins, sur deux rangs, se déployaient en éventail, et tapissaient toute la paroi intérieure de la basilique d'une double file qui, partant des deux côtés de l'autel, et contournant les chapelles intérieures, allait se rejoindre à la porte de bronze. Le centre était occupé par les suisses chargés du service d'ordre, la direction du pèlerinage, chacun organisant le groupe dont il était le chef, et les divers officiers de la maison pontificale veillant à tout, et distribuant à tous une médaille avec le discours de Léon XIII au premier groupe.

Sortant de sa retraite, Sa Sainteté se fait apporter son fauteuil devant l'autel, et admet quelques pèlerins en audience particulière. Voici d'abord le président du comité de Rennes, qui apporte, sur un coussin de velours rouge, une liasse de billets de banque surmontée d'une calotte de soie blanche. Le Saint-Père ôte, en souriant, sa calotte, pour mettre celle qui lui est offerte. Mais elle est un peu grande et ne peut tenir sur sa tête ; aussi le verrons-nous bientôt reprendre la sienne.

Ensuite ce fut le tour de M. l'abbé Petit, porteur,

lui aussi, du denier de Saint Pierre pour le diocèse de Nancy. Puis les chefs des différents groupes, qui avaient presque tous communié à la Messe, de la main pontificale.

Enfin Léon XIII est remonté dans sa litière. Entouré des évêques français et de ses intimes, précédé de son Eminence le cardinal Langénieux qui lui présente les pèlerins, il commence par la file de droite, « s'arrêtant, interrogeant, bénissant, donnant sa main à baiser, laissant tous les ouvriers sous le charme de sa bonté, de son regard pénétrant, de ses attentions paternelles. Les uns recommandaient leurs enfants, leur famille, leur paroisse, les autres faisaient bénir des anneaux, des médailles, la plupart pleuraient.» (1) Ceux-ci l'entretenaient de ses épreuves, de sa captivité, des malheurs de l'Eglise, et voulaient le consoler : « Très Saint Père, nous prions bien pour vous, ayez confiance ! » Ceux-là lui parlaient de leurs affaires, de leurs chagrins, de leurs espérances : il écoutait et il bénissait. Et tout cela avec une aisance, un élan, une abstraction des voisins, qui faisaient, au milieu de cette multitude empressée, de chaque entrevue une audience privée.

Plusieurs entr'ouvraient le sanctuaire de leur âme : ils ambitionnaient des grâces plus intimes,

___

(1) M. l'abbé Petit, *Semaine religieuse de la Lorraine* (N° du 30 novembre 1889).

un mot qui fût lumière et force. Mais alors se
sentant moins à l'aise, plus timides du côté de la
foule, ils cédaient tout à coup, du côté du pape, à
cette hardiesse que donne la confiance, se ser-
raient contre lui et parlaient à l'oreille : le Saint-
Père s'arrêtait, se penchait, se prêtant complai-
samment à ces confidences discrètes.

Plus loin, au contraire, c'est la joie débordante
d'un brave breton, qui, dans son expansion, jette
les deux bras autour de son pape et veut l'embrasser cordialement. Ici, des jeunes gens, des ado-
lescents à qui il prêche la vertu, la piété, le respect des parents ; là, des tertiaires qu'il encourage
avec une satisfaction toute particulière, etc. etc.

Il mit plus de trois heures à parcourir ainsi le
front des pèlerins. Malgré toutes les instances de
son entourage, il ne consent point à écourter, ni à
précipiter sa marche. Il l'avait dit dès la veille,
aux chefs du pèlerinage, qu'il recevait en audience
privée :

« La France me console. Vos ouvriers sont par-
« ticulièrement mes enfants. C'est pour eux que
« j'ai fait la grande fête d'aujourd'hui. C'est la
« France que j'ai voulu glorifier dans l'un de ses
« héroïques missionnaires. J'ai mis en mouvement
« pour cela toute la congrégation des Rites. J'ai
« fait hâter le procès de béatification, et vous avez
« assisté ce matin à cette première solennité qui

« sera suivie d'une autre dimanche prochain. Vos
« ouvriers m'apportent de grandes consolations,
« c'est pour les voir et les contenter tous, que je
« veux descendre demain à Saint-Pierre. Dussé-je
« rester trois heures, je veux que tous puissent
« bien voir le pape. »

Il voulut, en effet, les bénir un à un, donner
une poignée de main à chacun, « et tout le long
« du parcours, avec un sentiment de foi profonde
« et de vive compassion, dit la *Semaine de Reims*,
« des mains généreuses glissaient dans la main du
« pape l'aumône filiale de la France à l'Eglise.
« C'est ainsi que vivait Jésus-Christ, des aumônes
« que les amis, les fidèles lui donnaient en pas-
« sant ; et son vicaire, comme Lui, avait un sou-
« rire plus tendre pour l'ouvrier donnant son
« obole, que pour les fortunés faisant de plus
« larges offrandes. »

Nous étions dans les derniers. Depuis un instant
le Saint-Père se contentait d'offrir sa main. Nous
avions serré et baisé cette main décharnée, qui
déjà se tendait vers d'autres lèvres, quand Mgr Langénieux nous adressa la parole à mi-voix :

— De quel diocèse ?

— Saint-Dié.

— Ah ! Saint-Dié ! Saint-Dié ! Saint-Dié ! s'écrie
Sa Sainteté, revenant en arrière ; et sa main cher-

chant la nôtre la serra de nouveau avec effusion (1)

Quand il bénit le dernier pèlerin, il était midi et demi.

La consigne est levée, les suisses rompent la haie et nous pouvons enfin quitter les rangs. Depuis bien des heures nous sommes cloués là, debout, et personne ne s'en plaint : *ubi amatur non laboratur, vel si laboratur, labor amatur.*

Sa Sainteté regagne la chapelle du Saint-Sacrement, précédée et suivie du même cortège intime. Mais au lieu de repasser parmi nous, le cortège va directement par les portes qui mettent en communication les diverses chapelles latérales, dont on a fermé les grilles. Les pèlerins, massés tout le long de ces grilles, acclament le pontife au passage, par les cris répétés de : « Vive Léon XIII ! Vive le Pape-Roi ! »

Un correspondant de la *Riforma*, qui s'était glissé dans nos rangs, ne peut s'empêcher de signaler les proportions de cette ovation, qui tranforme le départ de Léon XIII en marche triomphale. Seulement, il voudrait faire croire que ces acclamations de « Vive le Pape-Roi ! » ne sont pas spontanées, mais poussées sur com-

---

(1) Huit jours après, c'était le tour de M. le curé de la Bresse, parti à Rome avec 15 de ses paroissiens. M. Harmel, en le présentant, dit : « Diocèse de Saint-Dié. — Saint-Dié ! reprit vivement Léon XIII, toujours Saint-Dié ! J'aime beaucoup le diocèse de Saint-Dié ! »

mande. » (1) Pauvre homme ! as-tu jamais entendu ces accents sur les pas de ton roi ?

Oh ! le Pontife ne s'y trompe pas ; trois fois, il fait arrêter ses porteurs, et la troisième fois il se lève dans sa litière ; les vivats redoublent, un éclair joyeux illumine son visage diaphane, il s'écrie, les larmes aux yeux : « Quel cœur ils ont, ces bons ouvriers, on ne peut les quitter ! » Il étend la main pour bénir encore, nous tombons à genoux sous cette bénédiction d'adieu.

Quand nous nous relevons il a disparu par la porte de la chapelle. L'un des chefs du pèlerinage entonne gravement *l'Oremus pro pontifice nostro Leone* : et de toutes ces poitrines plébéiennes s'élève un immense concert : *Dominus conservet eum....*

J'ignore ce que l'émissaire secret en rapporta au Quirinal, mais je sais l'impression qu'en ont gardée nos fils du peuple : rien ne l'effacera, ni le temps, ni les distances.

— Au contraire, nous disait l'un d'eux, plus on s'éloigne de Rome, plus ces souvenirs grandissent !

A une heure, tout le monde était sorti, le parvis de Saint-Pierre était très animé, mais pas bruyant.

— A quoi bon ce déploiement d'agents de police ! Pour constater que malgré la coalition des

---

(1) « I soliti sampietrini davano i segnali degli applausi ed invitavano i pelegrini à gridare : Vivà il Papa-Re ! » (Numero du 12 novembre.) Quand on ne peut nier les faits, on essaie de les travestir.

politiques et des francs-maçons le pape est encore
tout à Rome, et le roi rien ? Pauvre Humbert ! Tu
te flattais sans doute d'écraser l'oint du seigneur
sous ton pied ambitieux ; tu avais trompé le peuple par tes journaux, et tu plaçais tes espérances
sur ce peuple abusé ; tu rêvais de monter, sur ses
épaules, plus haut que le Quirinal, plus haut même
que le Capitole, au Vatican. Et voilà que le peuple
l'ouvrier, le véritable, celui des usines, te renie
pour acclamer le Pape et le saluer « Roi.... » Et
ce ne sont point tes policiers qui l'arrêteront ; on
n'arrête pas plus un mouvement populaire que le
flot de l'océan. Or c'est un vrai mouvement populaire, celui qui a amené dix mille ouvriers aux
pieds du Pape, l'avenir le prouvera bientôt.

L'avenir ! l'avenir est à moi, s'écriait déjà Napoléon, à la naissance du « Roi de Rome. »

Et le poète lui répondait :

> Non, l'avenir n'est à personne,
> Sire ! l'avenir est à Dieu !
> A chaque fois que l'heure sonne,
> Tout ici-bas nous dit adieu.
> L'avenir ! l'avenir ! mystère !
> Toutes les choses de la terre,
> Gloire, fortune militaire,
> Couronne éclatante des rois,
> Victoire aux ailes embrasées,
> Ambitions réalisées,
> Ne sont jamais sur nous posées,
> Que comme l'oiseau sur nos toits !

Victor Hugo a raison : le « roi de Rome » ne régna pas sur Rome et perdit même le trône de France. Pie VII sortit de sa prison et Napoléon mourut sur le rocher de Sainte-Hélène.

Et voilà qu'un autre « roi de Rome » reprend l'œuvre de Bonaparte. Humbert aussi tient le Vicaire de Jésus-Christ *captif dans un palais*, lui aussi voudrait bien s'écrier .

— L'avenir ! l'avenir est à moi !

— L'avenir ! sire, mais vous n'avez pas même le présent, et les élections municipales vous l'ont montré pas plus tard qu'hier: L'usurpation n'eut jamais d'avenir, et le sacrilège n'a pas même de lendemain.

> Oh ! demain, c'est la grande chose !
> De quoi demain sera-t-il fait ?
> L'homme aujourd'hui sème la cause,
> Demain Dieu fait mûrir l'effet.
> Demain, c'est l'éclair dans la voile,
> C'est le nuage sur l'étoile,
> C'est un traître qui se dévoile,
> C'est le bélier qui bat les tours,
> C'est l'astre qui change de zône,
> C'est Paris qui suit Babylone;
> Demain, c'est le sapin du trône,
> Aujourd'hui, c'en est le velours !
>
> . . . .
>
> Demain, c'est Waterloo ! demain, c'est Ste-Hélène !
> Demain, c'est le tombeau !

VICTOR HUGO.

Nous demandons bien pardon de cette digression qu'on trouvera longue : il aurait fallu être à Rome le 11 novembre 1889, sur le parvis de Saint-Pierre, pour comprendre quel coup de briquet peuvent produire, sur l'âme chrétienne, deux strophes, surgissant tout à coup des profondeurs de la mémoire et faisant jaillir une gerbe de réflexions, dont nous aurions dû sans doute faire grâce au lecteur ; mais le moyen de faire trois pas dans Rome sans digressions !....

Nous préférons nous taire et terminer ici notre voyage, en renvoyant nos lecteurs à quelq'un des nombreux *guides de Rome.*

EPILOGUE

Un mot seulement sur la fin de cette journée mémorable. Elle se termina par la visite du *Mont Capitolin*, qui n'est certes pas le plus beau quartier de la ville. Nous le trouvâmes aussi plein de mouvement et de sergents de ville. Le Capitole, en particulier, nous parut bien gardé par la police municipale. Etait-ce les derniers échos des élections de la veille ? ou le pèlerinage ouvrier faisait-il redouter une seconde invasion des Gaulois ?.... Certains regards menaçants jetés sur notre petite troupe nous feraient pencher pour la seconde hypothèse.

La roche Tarpéienne est plus abordable. Nous tournons donc à droite et nous arrivons en face de la porte d'un jardin, que nous ouvrons comme Philippe de Macédoine, avec la « clef d'or. » Elle va sur toutes les serrures, à Rome !... Malheureusement la gardienne ne sait pas trop quel est le rocher historique (car il s'en trouve plusieurs en cet endroit) et nous la quittons en disant qu'à Rome la race des oies est immortelle : quand elle ne veille pas au Capitole, elle garde la roche Tarpéienne.

Les deux jours suivants furent consacrés à la visite des catacombes et des principales églises de Rome. Grâce à l'organisation de M. Harmel, rien d'important ne nous échappa. La matinée appartenait à Dieu tout entière : nous étions des pèlerins et la messe gardait la première place.

A dix heures, sonnait le déjeûner. Une heure après, tout le monde était descendu. Devant la maison, stationnait une longue file de voitures : l'on se mettait quatre compagnons pour en louer une. En vertu d'un accord intervenu entre la direction du pèlerinage et le syndicat des cochers, c'était dix francs pour la journée (de onze heures du matin à six heures du soir).

La plupart rentraient à six heures et passaient à la salle des correspondances aménagée *ad hoc*. Elle servait également de salon.

A sept heures, sonnait le diner, suivi de la causerie au salon, ou de la promenade à la cour. Vers neuf heures, les dortoirs se peuplaient ; mais le silence n'y descendait que plus tard.....

L'une des dernières églises que nous avons visitée nous a beaucoup intéressé, quoique les guides semblent ne pas soupçonner son existence. C'est celle des *Pères Blancs* de Mgr Lavigerie, dédiée à St Nicolas. Nous engageons les Lorrains à ne pas quitter Rome sans faire une visite à l'humble chapelle. Après avoir donné un coup d'œil aux fresques, et admiré l'œuvre d'un artiste du siècle dernier, qui a reproduit sur le marbre quelques traits de la vie du glorieux *patron de la Lorraine*, ils s'agenouilleront devant l'autel dédié au B. P. Fourrier. Il est surmonté d'un tableau qui intéressera certainement les amis du *Bon Père*.

Le jeudi, 14 novembre, après avoir exprimé toute notre gratitude aux bonnes religieuses et versé notre obole pour l'œuvre à laquelle elles se dévouent, nous courions au palais *Justiniani*, prendre congé de Sœur Xavier et de sa petite colonie vosgienne. Nous voulons revoir cette petite chapelle si bien conçue dans le goût romain ; nous admirons ses colonnes en marbre monolithes, ses parois en *marmoreida* (1), les fresques de l'abside et surtout du plafond, maintenant terminées. Encore un monument que les visiteurs de Rome feront bien d'inscrire sur leur carnet, la chapelle des sœurs de la Providence. (2)

Enfin, à huit heures et demie nous quittions ce toit hospitalier, faisant des vœux que *l'adieu* ne soit qu'un simple *au revoir*. Nous retrouvions

---

(1) Sorte d'enduit dont les architectes Romains revêtent les parois, qu'ils polissent ensuite à la manière des mosaïques. Ils obtiennent un marbre factice auquel on se laisse prendre facilement, car l'imitation est parfaite. Comment n'importe-t-on point cette facture en France ? Elle ne coûterait pas plus que le polychromage, et offrirait un ornement bien supérieur au double point de vue de la richesse et de la durée.

(2) Piazza Fiammetta, près de la place Navone.

notre petit sac gonflé par les commissions pour Portieux, et les dons de la Providence ! Aussi fut-elle bénie bien des fois pendant ces deux longs jours de voyages, qui effrayaient à bon droit un convalescent.

Mais la gare est à l'autre extrémité de Rome, et nous n'y arrivons pas une minute trop tôt. Nous retrouvons nos amis inquiets, et serrés comme une famille autour de M. l'abbé Petit.

— Vous m'avez fait une belle peur !

— Ce n'est pas la première.... ni la plus forte. Je puis vous l'avouer maintenant, cette nuit de dimanche m'avait donné de sombres appréhensions.

Un sifflement aigu vint couper court à notre conversation. Au moment où le train s'ébranle, un hourrah formidable domine le fracas de la gare.

Vive Léon XIII ! Vive le Pape-Roi !....

C'est l'adieu de nos braves ouvriers au vénéré Pontife dont ils emportent le souvenir impérissable. En vain, les chefs de divers groupes veulent comprimer ce cri du cœur, il reprend à double et triple salve, au milieu des Italiens ahuris.

Avant qu'ils fussent revenus de leur surprise, pour demander compte de ces acclamations, disons-le, de cette manifestation qui n'avait pas le droit de se produire en public, nous étions déjà loin..

Quand Rome a disparu à nos regards, nous quittons les portières et le chant du pèlerinage reprend ses droits :

> Dieu de clémence,
> O Dieu vainqueur,
> Sauvez Rome et la France,
> Au nom du Sacré-Cœur !

Nous dînons à Orbetello, où nous échangeons comme toujours un tiket contre un sachet... qui n'a pas été rempli par la Providence, à ce que prétend mon voisin, un commis-voyageur doublé d'un gourmet, qui m'aide volontiers à décharger mon sac.

Et cependant soyons juste, le buffet d'Orbetello fait bien les choses : outre l'aile de poulet obligée et l'inévitable morceau du gruyère, il avait eu la délicate attention de mettre à chacun un cure-dents ! Ajoutons que mon voisin inscrivit le buffet d'Orbetello sur son carnet, comme servant le meilleur vin de France et d'Italie.

Que vous dirai-je ? Nous revoyons la mer, nous arrêtons une demi-heure à Pise, nous saluons Gênes et Turin. Enfin le tunnel est franchi, nous retrouvons le sol français, et nous l'acclamons chaleureusement. Nos bons travailleurs surtout, qui ont maintenant un terme de comparaison, chantent les louanges du « gentil pays de France » dans leur langue pittoresque. Malgré tous ses mal-

heurs, et en dépit de ceux qui la ruinent ou la dé-
shonorent, c'est encore la « terre major », la « patrie des âmes fières » ; « Kar France est un pays
el quel on doit trouver honor et loyauté, et tout
bien savourer », comme disait le vieux troubadour
d'Amiens.

Aussi la conclusion se traduit par un énergique :
« Vive la France ! »

Nous nous penchons pour voir l'entrée du tunnel. Les derniers wagons venaient d'en émerger ;
il ne restait plus que l'ouverture noire, qui semblait un trou de vrille dans le flanc des Alpes.
Nous nous rappelons une vieille gravure des fables
de Lafontaine : *La Montagne accouchant d'une Sou-
ris*, et nous disons mélancoliquement :

— Ce n'est pas encore cela qui grandira l'homme,
ô mon Dieu !

Nous sommes tirés de ces réflexions par un mot
qui nous fait frémir :

— Modane ! Descendez vos valises !

— Encore ?

. La scie recommence ; mais au moins ce sont des
employés français, et ils sont polis. Un bon point
à ceux de Modane. Ils savent, du reste, que nous
avons déjà du retard, et que des pèlerins français
ne rapportent rien d'Italie... que des souvenirs.

Ah ! le lendemain je passais une inspection bien
autrement sérieuse. Ma vieille mère, après les pre-

miers épanchements, avait abaissé ses lunettes sur ses yeux de quatre-vingt-six ans, son front s'était un instant voilé :

— Tu as été malade, l'abbé ?

— Quelle idée !

— Alors, tu as souffert d'une autre façon ?

— La fatigue...

— Ta ! ta ! ta !... Tu n'iras plus à Rome ; à moins que pour y rechercher tes deux joues et tes couleurs...

— Il faut bien y laisser quelque chose, mère ; car j'ai lu au-dessus de l'entrée de la chapelle des Pères Blancs : *Exi non omnis*, « Ne t'en va point tout entier ! »

— Et qu'y as-tu laissé avec tes joues ?

— Un lambeau de mon cœur ; et y retourner sera toujours mon rêve.

— Pas de mon vivant...

Hélas ! ! ! ! Jamais. Maintenant qu'elle n'est plus là pour les écouter et s'en montrer ravie, que ferais-je de mes impressions de voyage ? Et puis, où serait l'émotion du départ, elle n'est plus là pour me bénir ! Et la joie du retour, elle n'est plus près de la fenêtre pour m'attendre !...

www.ingramcontent.com/pod-product-compliance
Lightning Source LLC
Chambersburg PA
CBHW051123050726
47594CB00003B/929